Zu diesem Buch

Klorollen, Kleister, Fingerfarben, ein dicker Pinsel oder Korkstempel, Stoffreste und jede Menge Papier als Unterlage – mehr braucht es meistens nicht, um mit den Kleinen gemeinsam einen blühenden Baum, ein einfaches Fisch-Mobile oder eine originelle Faschingsgirlande zu basteln. Wenn dann noch Kastanien aus dem Wald und Kartons vom Kaufmann dazukommen, entsteht gleich eine Spielstadt mit vielen Tieren.

Schon die Kleinen von ein, zwei Jahren gehen mit Eifer ans Papierzerreißen für die Pappmaché-Pampe oder malen die «Wiese» mit Fingerfarben an. Und weil sie von den Erwachsenen ein bißchen Unterstützung erhalten, können sie oft sogar ein richtiges Bastelwerk fertigstellen.

Bis zu 120 Kinder kommen wöchentlich in die Spielclubs, die es bei der Elternberatung Salzburg gibt. Die Autorin, Elfi Schuster, leitet diese Gruppen seit Jahren. Und es gelingt ihr immer wieder, alle Kinder (und ihre Mütter) für neue Bastelideen zu begeistern. Die Anregungen, die sie aufgeschrieben hat, sind leicht umzusetzen – und daß das Basteln Spaß macht, sieht man auf den vielen, meist farbigen Fotos des bekannten Fotografen Jürgen Junker-Rösch.

Elfi Schuster, Jg. 1945, Mutter zweier Kinder, ausgebildete Kindergärtnerin. Trainerin in der Erwachsenenbildung; Erzieherinnen-Fortbildung. Beschäftigt sich seit vielen Jahren mit Spielpädagogik für Erwachsene und Kinder.

Anregungen und Kritik bitte an folgende Adresse: Büro für wissenschaftliche Publizistik Dr. Horst Speichert, Teutonenstr. 32 b, 65187 Wiesbaden. Hier erhalten Sie auch gegen Voreinsendung eines frankierten DIN-A6-Umschlags einen Prospekt der Reihe «Mit Kindern leben».

Elfi Schuster

Basteln mit den ganz Kleinen

Spiel und Spaß von 1 bis 4

Fotos: Jürgen Junker-Rösch

Rowohlt

Herausgegeben von Bernhard Schön und Horst Speichert

Umschlaggestaltung: Peter Wippermann/Jürgen Kaffer
(Foto: Rudi Otto, Wiesbaden)
Fotos: Jürgen Junker-Rösch, Berlin
Redaktion und Textmitarbeit: Karin Mönkemeyer

9. Auflage 2008

Originalausgabe
Veröffentlicht im Rowohlt Taschenbuch Verlag,
Reinbek bei Hamburg, August 1993
Copyright © 1993 by Rowohlt Taschenbuch Verlag GmbH,
Reinbek bei Hamburg
Alle Rechte vorbehalten
Satz Times PostScript Linotype Library
Langosch Grafik+DTP, Hamburg
Gesamtherstellung CPI – Clausen & Bosse, Leck
Printed in Germany
ISBN 978 3 499 19503 7

Inhalt

Liebe Eltern,

bis zu 120 Kinder kommen jede Woche in einen der Spielclubs, die wir bei der Mütterberatung Salzburg anbieten. Viele davon sind vor allem für diejenigen Ein- bis Vierjährigen bestimmt, die gern mit Farben und Papier hantieren, mit Pappmaché und anderen Modelliermassen, mit Watte, Wolle und mit vielen oft kostenlosen Materialien.

Fast alle Kinder sind von Anfang an bei allem, was wir da tun, begeistert bei der Sache. Einige halten sich bei manchen Materialien anfangs zurück, schauen nur zu. Ich denke da zum Beispiel an Benjamin.

Die Gruppe malt mit Fingerfarben. Benjamin spielt lieber mit Spielzeug, wirft hin und wieder einen Blick zu uns anderen herüber. Plötzlich kommt er zu unserem Tisch. «Was ist das?» fragt er. «Da werde ich doch schmutzig!?» – «Du kannst dir ja einen Malkittel überziehen, der darf schmutzig werden!» erkläre ich ihm. «Da kann man den Finger eintauchen?» erkundigt er sich noch einmal, obwohl ich das anfangs genau gezeigt hatte. Er steckt einen Finger vorsichtig in die Farbe. Ich zeige ihm, wie er damit über das Papier streichen kann. «Die Farbe kommt raus, wenn ich auf ein Papier wische!» Freude steht in seinem Gesicht, Bewunderung, aber auch Vertrauen. Und dann funkt es. «Ich fang jetzt an zu werken!» Dann beschäftigte er sich etwa noch zehn Minuten mit der Farbe auf dem Papier. Schließlich zeigte er sein Werk seiner Oma, die ihn zu uns begleitet hatte.

Es dauert nie lange, bis ein Kind, das anfangs scheu ist, seine Zurückhaltung überwindet und einfach mitmacht. Kein Kind

*Elisa und Maurice
(beide 1 ³/4)
entdecken die Farbe*

will auf die Dauer abseits stehen. Und wenn alle mit einer Sache beschäftigt sind, wenn es selbst nicht dazu gezwungen wird, bleibt es zuerst vielleicht abseits, ist dann aber doch bald interessiert, fragt nach und beteiligt sich schließlich doch.

Das ist einer der Vorteile in einer Gruppe. Kinder lassen sich durch das Vorbild anderer «überreden», bestimmte Sachen auch einmal auszuprobieren. Und oft finden sie dann in allerkürzester Zeit daran besondere Freude.

Im gemeinsamen Spiel mit Gleichaltrigen werden außerdem auch neue Rollen erprobt und Konflikte ausagiert, die in der Familie durch ihre spezifische Struktur nicht ausgelebt werden können. Die Kinder lernen soziale Verhaltensweisen wie

8

Rücksichtnahme, Teilen, Kooperation, aber auch die Fähigkeit, sich durchzusetzen. Das Leben in einer solchen größeren Gemeinschaft gewährt dem Kind eine größere Anzahl von Personen als Kommunikationspartner. Das Bedürfnis nach sozialer Anerkennung, das heißt, ein Teil dieser Gruppe zu sein, führt dazu, daß sich das Kind die gesellschaftlichen Regeln der Interaktion allmählich aneignet, dabei wird von dem Kind die Fähigkeit zur Anpassung sowie zur aktiven Auseinandersetzung erwartet.

Durch die Vielfalt der Persönlichkeiten der Erwachsenen und der Kinder verschiedener Altersgruppen hat jedes die Möglichkeit zu beobachten, zu vergleichen, nachzuahmen, sich Anregungen zu holen und dabei sein eigenes Ich zu stärken. Im konkreten Ausprobieren von Verhaltensweisen in einem sozialen Gefüge erfährt sich das Kind als Person, formt sein Selbstbild und lernt, seinen eigenen Wert einzuschätzen.

Es ist also sehr förderlich, wenn auch schon das Kleinkind Erfahrungen in einer Gruppe machen kann.

Aber wir wissen ja: Es gibt nicht genügend solcher Gruppen. Vielleicht haben Sie Lust, eine kleine Gruppe, in der gebastelt wird, zu bilden? Wenn ja: Hier finden Sie eine Menge Vorschläge für die konkrete Arbeit. Und auch wenn Sie mit Ihrem Kind allein oder mit ihm und einem Freund oder einer Freundin zusammen etwas gemeinsam herstellen, wäre das schon sehr schön. Wie immer: Das Kind braucht stets einen äußeren Anlaß für die Sache, die es herstellen will. Planen Sie z. B. eine Blumenwiese mit Stempeldruck, etwa im Korkdruck, herzustellen, ist es natürlich am besten, wenn Sie beim Spazierengehen eine solche gesehen haben. Erinnern Sie das Kind daran. Singen Sie ein Lied vor oder sprechen Sie ein kleines Kindergedicht oder einen Reim. Und dann fragen Sie: «Könnten wir so eine schöne Sommerwiese auch einmal auf Papier bringen? Wie?» Macht das Kind einen Vorschlag, probieren Sie das aus. Dann schlagen Sie womöglich eine andere Art vor. Und die wird dann oftmals realisiert.

Wir haben unsere Bastelvorschläge auch schon mit den ganz Kleinen, den Einjährigen, ausprobiert. Natürlich gilt für diese

Kleinen, was oft auch noch für die etwas Größeren zutrifft: Sie sollten vor allem Spaß am Basteln haben und nicht an dem Bastel-Ergebnis. Denken Sie immer daran, daß das Kind vieles selbständig machen kann, bei manchem aber auch über ein bißchen Hilfe der Erwachsenen froh ist. Und: Das eine Kind wird schon manches selbständig erledigen, was das andere erst lernen muß.

Gerade in der Gruppe kann es den Eltern leicht passieren, daß sie unter Druck geraten, weil sie vielleicht das Gefühl haben, ein anderes Kind sei schon «weiter» und könne alles besser. Ich habe Ihnen deshalb immer einmal wieder einen kleinen «Merkspruch» aufgeschrieben, der Sie daran erinnert: *Das Erlebnis ist wichtiger als das Ergebnis!*

Ich habe Ihnen vor jeder Gruppe von kleinen Arbeiten stets zumindest ein Lied und ein paar kleine Verse vorgegeben. Sie könnten natürlich auch ganz andere Lieder und Verse wählen. Nur: Falls Ihnen im Moment nichts anderes einfällt – diese wären auch möglich.

Ich habe die Ideen, die allesamt aus meiner Kindergruppen-

Drei Mütter haben das Spielhaus für den Anstrich vorbereitet

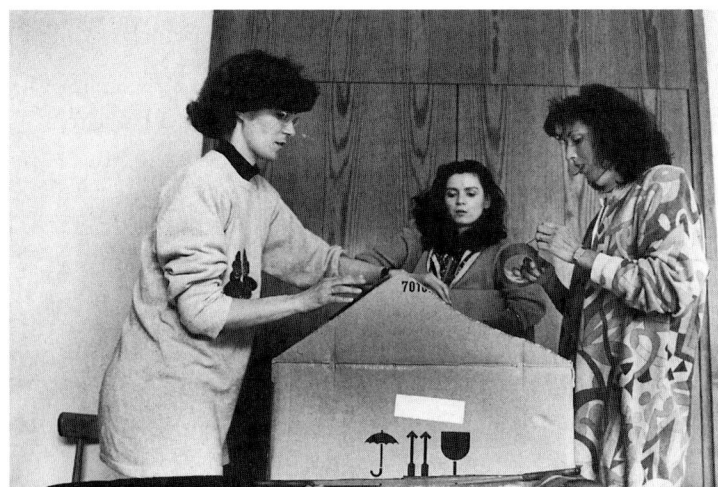

arbeit stammen, nach dem Jahreslauf aufgeschrieben, weil es so stets am leichtesten fällt, äußere Anlässe für jede kleine Arbeit zu finden, im Wetter, auf dem Spaziergang, bei einem bevorstehenden Fest. Kinder feiern ja sehr gern, Fasching, Ostern, Erntedank, Lampionfest, Weihnachten … Natürlich findet irgendwann zwischen den ganzen Festen auch noch ein besonderes Fest statt: der Geburtstag. Auf ein Fest freut sich ein Kind stets besonders. Also bastelt und malt es in der Vorfreude dann auch besonders gern. Das nutzen wir als Motivation für das Malen, Basteln und Werken.

Dann wäre nur noch sicherzustellen, daß sich das Kind ungehemmt bewegen kann. Das ist möglich, wenn es einen Malkittel hat, der ruhig mal etwas Farbe oder Kleber abkriegen kann, ein altes T-Shirt oder noch besser ein ausgedientes Oberhemd vom Vater, Onkel oder Großvater, dessen Ärmel entsprechend gestutzt sind.

Und immer genügend Zeitungen als Malunterlage, plus obendrauf ein Stück ungebleichtes Recyclingpapier, damit die im bedruckten Papier jeweils enthaltenen Schadstoffe nicht in Hautkontakt geraten.

Dann ist nicht mehr viel zu befürchten. Und Sie können entspannt darangehen, mit Farben, Pappmaché und allen anderen Materialien (siehe auch die Einkaufsliste auf den Seiten 88 ff) zu Werke zu gehen.

Viel Spaß!

Ihre Elfi Schuster

Kapitel 1

Im Frühling

Schon kleine Kinder sind fasziniert von den ersten Blumen. Am Wegesrand entdecken sie meist zuerst den sonnengelben Huflattich, in jedem Fleckchen Gras die Gänseblümchen, im Wald die weißen Buschwindröschen und die blauen Leberblümchen, am Bachufer die leuchtendgelben Schlüsselblumen …

Lenken Sie die Blicke der Kinder beim Spaziergang auch auf die blühenden Bäume, vor allem auf die weiß und rosa blühenden Obstbäume.

Solchen Frühling fangen die Jüngsten dann gern in ihren Bildern und gebastelten Werken ein. Damit sie auch im Zimmer richtig in Frühlingsstimmung kommen, könnten Sie ihnen einfache Frühlingslieder vorsingen. Malen und Werken macht Kindern beim Singen oft besonders viel Spaß.

Einfache Gedichte können auch sonnige Laune fördern.

Frühlingslied

1. Das Eis zer - springt, der Schnee - mann schmilzt, die

Son - nen - strah - len wär - men, und bald be - ginnt am

Wei - den - baum das Bie - nen - volk zu schwär - men.

2. Schneeglöckchen blühn,
das Feld wird grün
die Kinder kreiseln wieder,
auf dem Hof das Finkenpaar
singt erste Frühlingslieder.

Text: Johanna Kraeger
Weise: volkstümlich

Frühling kommt bald

1. Herr Win - ter, geh hin - ter, der Früh - ling kommt bald!

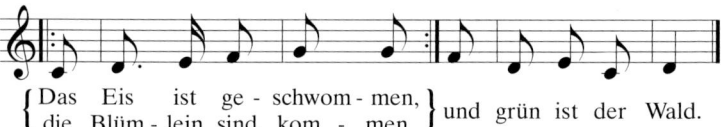

⎧ Das Eis ist ge - schwom - men, ⎫
⎩ die Blüm - lein sind kom - men ⎭ und grün ist der Wald.

2. Herr Winter,
geh hinter,
dein Reich ist vorbei.
Die Vögelein alle
mit jubelndem Schalle
verkünden den Mai!

Text: Christian Morgenstern
Weise: Richard Rudolf Klein

Kinderreime

Die Luft ist blau, das Tal ist grün,
die kleinen Maienglöcken blühn
und Schlüsselblumen drunter.
Der Wiesengrund
ist schon so bunt
und malt sich täglich bunter.

*

April, April, April
der weiß nicht, was er will.
Mal Regen und mal Sonnenschein,
dann schneit es wieder zwischendrein.
April, April, April,
der weiß nicht, was er will.

*

Es regnet, es regnet,
es regnet seinen Lauf.
Und wenn's genug geregnet hat,
dann hört es wieder auf.

Korkdruck Blühender Baum

Ein einzelner blühender Baum kann als Fensterbild verwendet werden, aus mehreren blühenden Bäumen kann ein Mobile entstehen.

Sie brauchen: Kartonreste, Fingerfarben, eventuell einen Borstenpinsel, eine Schere, Korken von Flaschen, Klebstoff.

Sie bereiten vor: Sie schneiden für jedes Kind zwei Kartonkreise und zwei schmale Rechtecke aus, die zur Baumkrone und zum Stamm werden sollen. Sie bereiten eine Malunterlage aus Zeitungen vor.

Zuerst malt das Kind mit den Fingern oder mit dem Borstenpinsel die beiden Rechtecke, die den Stamm bilden sollen, braun an. Ist es damit fertig, tauschen Sie die braune gegen die grüne Farbe aus. Mit ihr werden die beiden Teile für die Krone angemalt.

Sind alle vier Teile trocken, werden die beiden Stammteile so aneinandergeklebt, daß der Stamm von vorn und hinten braun ist, die beiden Kronen ebenso. Dabei wird der Stamm ein Stückchen in die Krone geschoben. Und zwischen die beiden Kronenteile wird ein Faden gelegt, an dem man den blühenden Baum dann aufhängen kann, zum Beispiel als Fensterbild.

Nun soll der Baum erblühen. Mit weißer Farbe sollen die Blüten mit Hilfe des Korkens in die Krone gestempelt werden, natürlich auf die Vorder- und auf die Rückseite. Sollen die Blüten rosa werden, mischen Sie ins Weiß ein wenig Rot.

Übrigens: Wenn Sie in Fingerfarben ein wenig Kleister mischen, werden sie noch ausdrucksvoller.

Korkdruck Blumenwiese

Aus der Blumenwiese kann ein Bucheinband werden, wenn Sie als Druckgrund Backpapier wählen.

Sie brauchen: Backpapier, Korken, Fingerfarben, mit etwas Kleister zu klebriger Stärke vermischt.

Sie bereiten vor: Eine Malunterlage aus Zeitungen.

Die Kinder bestimmen, welche Farben die Blumen der Wiese haben sollen. Sie geben den Kindern die Farben nacheinander, also etwa zunächst Rot, dann tauschen Sie es gegen Gelb aus, dann gegen Blau ...

Nicht alle Kinder sind sofort begeistert von der Stempelei. Daniel in unserer Gruppe zum Beispiel konnte sich anfangs nicht zum Stempeln entschließen. Plötzlich ließ die Mutter ein rhythmisches «Tack-tack-tack!» hören. Und schon raste auch Daniels Korken über das Papier.

Soll kein Bucheinband entstehen, kann man den Malgrund auch erst einmal mit grüner Fingerfarbe grundieren und dann wie beim blühenden Baum die bunten Farben einstempeln. Oder man nimmt als Grund grünen Karton.

Variante: Mit Korkdruck kann man auch einen Sternenhimmel herstellen.

Sie bereiten vor: Sternförmig ausgeschnittene Korken. Für den Sternenhimmel brauchen wir einen blauen Malgrund. Er wird mit verschiedenen blauen Fingerfarben grundiert. Die Kinder stempeln mit gelber Farbe die Sterne.

Angelo (2 $^1/_2$) malt
den Untergrund für
die Blumenwiese

18

Blühender Baum fürs Spielzeug-Dorf

Sie brauchen: für jeden Baum eine Klorolle und einen Luftballon, dazu Zeitungen, einen Korb, Joghurtbecher, Kleister, einen großen Pinsel, Fingerfarben, rosa und weißes Seidenpapier, Klebstoff und eine Schere. Nach Bedarf Zündhölzer ohne Schwefelkopf oder Schaschlikspieße aus Holz.

Die Arbeit in unserer Gruppe war auf vier Tage verteilt.

1. Tag

Vorbereitung: Sie mischen Fingerfarben in verschiedenen Brauntönen.

Jedes Kind bemalt eine Klorolle, die später den Stamm bilden soll, in den vorbereiteten Brauntönen. Die Stämme werden zum Trocknen aufgestellt.

2. Tag

Jeder bläst einen Luftballon auf eine Größe von etwa acht bis zehn Zentimeter Durchmesser auf. Da müssen die Erwachsenen schon ein wenig helfen. Er soll später die Krone des Baumes werden. Die Kinder zerreißen nun – meist mit großer Begeisterung – Zeitungen in Fetzen und werfen diese in einen Korb, der in der Tischmitte steht. Sie wissen: Zerreißen gehört zu den Beschäftigungen, bei denen Aggressionen abgebaut werden. Darum sind die Kleinen – und nicht nur sie! – so hingebungsvoll dabei. Sie können gar nicht genug zerreißen!

Sind genügend Fetzen da, bekommt jedes Kind einen Joghurtbecher voll Kleister. Das Kind bepinselt die Fetzen und klebt diese dann auf den Luftballon. Die kleineren Kinder patschen mit Inbrunst im Kleister, die größeren helfen ihnen meist ganz von selbst, die Fetzen aufzukleben. Vier bis fünf Schichten sollen auf den Ballon, der zur Baumkrone werden soll.

3. Tag

Vorbereitung: Sie schneiden die Klorollen-Baumstämme von oben etwa 3 cm ein. Außerdem schneiden Sie aus

dem Seidenpapier viele Quadrate mit einer Seitenlänge von etwa 5 cm.

Jedes Kind bekommt einen Seidenpapier-Stapel. Blatt für Blatt wird stark geknittert und dann zu einer kleinen Kugel geformt. So entsteht ein Haufen Blüten. Der Erwachsene betupft jede Blüte mit einem dicken Tropfen Klebstoff. Das Kind klebt sie nach Belieben an den Baum.

Sind die Blüten festgeklebt, wird die Baumkrone an den Stamm geklebt.

Die Kinder sind auf diese Bastelarbeit meist ungeheuer stolz und tragen sie stets sehr vorsichtig.

Stellen Sie die Bäume der ganzen Gruppe zu einer Kastanienallee auf den Boden, und spazieren Sie durch die Allee.

Dabei könnten Sie den Kindern das Kastanienlied vorsingen. Vielleicht wollen sie es auch lernen.

Nachts in der Kastanienallee

Nachts in der Ka - sta - ni - en - al - lee ist's fin - ster, ist's

fin - ster! Horch doch mal, da ra - schelt was;
　　　　　　　　　　　　　flat - tert was;
　　　　　　　　　　　　　pfeift et - was;
　　　　　　　　　　　　　klopft et - was;
　　　　　　　　　　　　　usw.

Text und Melodie: Hilde Tenta
© Fidula Verlag, Boppard/Rhein

Wenn Sie den Baum als Dekoration aufhängen wollen, piken Sie von oben ein Loch in die Krone. Knoten Sie ein Zündholz ohne Kopf oder ein Stückchen Schaschlikstab an den Faden, an dem Sie den Baum aufhängen wollen, und stecken Sie es hinein. Das Hölzchen stellt sich quer, und der Baum kann hängen.

Varianten: Ihrer Phantasie sind keine Grenzen gesetzt. Statt des Blütenbaumes können Sie auch Köpfe für ein *Kasperltheater* herstellen: Seppel, Gretchen, Kasperl, den König, die Prinzessin, den Räuber … Der Luftballon wird in diesem Fall kaum aufgeblasen, damit er als Fingerpuppe verwendet werden kann.

Sie können mit diesem Verfahren auch *Masken* machen. Dafür läßt man den umhüllten Luftballon trocknen und halbiert ihn dann. Immer werden die Kasperlköpfe und Masken phantasievoll angemalt – und dabei brauchen Sie ihrem Kind nur wenig zu helfen.

Kapitel 2

Ostern

Kinder lieben das Osterfest, besonders das Märchen vom Osterhasen, der ihnen die Eier anmalt und sie im Gras und unter Büschen versteckt, dazu die vielen süßen Sachen, die sie mit großer Begeisterung suchen, finden und verspeisen.

Auch die Kleinsten werden von der Vorfreude angesteckt. Mit Liedern und Reimen können Sie die kleinen Bastler auf das bevorstehende Fest einstimmen.

Oster-Lied

1. Wird bald O-stern sein? Kommt her-vor, ihr Blü-me-lein!

Komm her - vor, du grü - nes Gras!
Komm her - bei, du O - ster-has!

Kom - me bald, ver - giß mich nit!
Bring auch dei - ne Ei - er mit!

2. Kommt die Osterzeit,
macht der Hase sich bereit,
nimmt ein Körblein in die Hand,
schreitet rüstig über Land,
und im Garten, hinterm Haus,
legt er seine Eier aus.

Text und Weise: volkstümlich

Das Lied vom kleinen Hasen

1. Ma - le, Häs-chen, ma - le mit zwei brau-nen

Pfo - ten. Ich freu mich auf die Ei - er

schon, die blau-en und die ro - ten. Ich

2. Tanze, Häschen, tanze
mit dem weißen Schwänzchen
rund um den großen grauen Stein.
Ich schau dir zu beim Tänzchen.

3. Hoppel, Häschen, hoppel,
schnell mußt du verschwinden.
Ich seh den Fuchs am Waldesrand.
Er darf dich hier nicht finden.

4. Schlafe, Häschen, schlafe
unter Weidenbäumen.
Von Löwenzahn und grünem Klee,
da darfst du ruhig träumen.

Text: Barbara Cratzius
Weise: Paul G. Walter

Kinderreime

Dies Ei aus meinem Hühnernest,
das schenk ich dir zum Osterfest.

*

Ich schenke dir ein Osterei,
wenn es zerbricht, dann hast du zwei.

*

Wo kriegt der Osterhase nur
seine ganzen Eier her?
Legt er sie selbst? Puh! Keine Spur!
Er stiehlt die Hühnerställe leer.

*

Kann jeder Hase Osterhase sein?
Nein.
Dafür braucht er Kinder, die
ihn mit ihrer Phantasie
erst in diesen Stand erheben.
Eben.

Ostereier aus Packpapier

Die Eier können als Osterdekoration ins Fenster gehängt werden. Sie können mit ihnen natürlich auch einen Strauß österlich schmücken.

Sie brauchen: große Packpapierschere, Fingerfarben, Kleister, einen kleinen Tiegel, Wollreste, Schere, Kassettenrekorder mit Liederkassette.

Sie bereiten vor: Auf den Tisch kommen Zeitungen als Malunterlagen. Bei dieser Arbeit ist es schön, Musik zu hören. Stellen Sie also vielleicht einen Kassettenrekorder bereit und eine Kassette mit Kinderliedern.

Wenn erklärt ist, wie die Eier hergestellt werden, singen Sie zur Kassette.

Vielleicht regt das die größeren Kinder schon an mitzusingen.

Das Packpapier wird großflächig mit Fingerfarben bemalt, mit den Fingern am besten, aber es geht auch mit dem Pinsel. Dazu brauchen die Kinder Schwung, den sie meist durch die Musik bekommen.

Die größeren Kinder schneiden aus der bemalten Fläche selbst Eier heraus. Für die Jüngsten übernimmt ein Erwachsener diese Arbeit. Etwas trocknen lassen. Dann legt man die Eier auf die bemalte Fläche, und die Kinder streichen die nicht bemalte Seite mit Kleister ein. Anfangs kann es durchaus häufiger passieren, daß die Kinder die bemalte Seite mit Kleister einstreichen. Nach und nach begreifen sie aber, daß sie immer die Rückseite aufkleben müssen.

Das Kind bekommt immer nur wenig Kleister in einem Kosmetiktiegelchen. Auf den Kleister legt der Erwachsene einen Wollfaden. Dann wird die Kleisterseite mit einem zweiten Packpapier-Osterei «zugedeckt».

Nun kann das «Doppeldecker»-Ei nach kurzer Trockenzeit aufgehängt werden.

Als ich in meiner Mutter-Kind-Gruppe einmal bemerkte, daß ein Kind damit begann, einige Wollfäden zu zerschneiden, regte ich an: Das machen wir alle! Manche der Jüngsten hatten Schwierigkeiten. Wir erkannten: Am leichtesten fällt es ihnen, wenn die Mutter den Faden spannt. Die Kleinen reichten die Faden-Schnipsel der Mutter. Die klebte sie dann auf die Packpapier-Eier. Das sah apart aus.

Übrigens: Die Kinder gaben ihren Müttern nicht wahllos die Fäden. Sie wählten oft ganz bewußt die Farben aus.

Ein Eierkranz

Er gibt einen originellen Wandschmuck ab.

Sie brauchen: ausgeblasene Eier (beachten Sie S. 89!),
Holzkugeln mit einem Durchmesser von drei bis fünf
Zentimetern, dünne, farbige Bänder, eine stumpfe Nadel
zum Auffädeln. Lack bei Bedarf.

Sie bereiten vor: Zeitungen als Malunterlage liegen auf
dem Tisch.

Die ausgeblasenen Eier werden mit Fingerfarben bemalt. Sind sie getrocknet, reicht das Kind der Mutter abwechselnd ein bemaltes Ei und eine Holzkugel. So fädelt die Mutter diese dann auf ein Band. Zuletzt wird an den beiden Bandenden eine Schleife gebunden.

Soll der Kranz im nächsten Jahr wieder aufgehängt werden, ist es gut, die bemalten Eier vor dem Auffädeln zu lackieren.

Dieser Eierkranz wurde von einer Kindergruppe ins Gras verlegt, und die Eier wurden auch noch mit bunten Federn geschmückt.

Ostereier, mit Fingerfarben bemalt

Sie sind für den Osterstrauß bestimmt.

Sie brauchen: ausgeblasene Eier (beachten Sie S. 89!)
und Fingerfarben, eventuell einen Pinsel.
Sie bereiten vor: Die ausgeblasenen Eier werden in eine
Schale gelegt. Zeitungen als Malunterlage liegen bereit.

Die Erwachsenen sollten stets die Kinder allein malen lassen. Sie haben zumeist ein gutes Gefühl, mit welcher Vorsicht die zerbrechlichen Eier behandelt werden müssen. Es gehen sehr selten ausgeblasene Eier zu Bruch, wenn man den Kindern sagt, daß sie leicht zerbrechlich sind.

Andererseits ist es gut, wenn auch der Erwachsene für sich ein Ei bemalt. Dann kann das Kind sich daran ein wenig orientieren.

Die Eltern und ich waren bei dieser Arbeit immer ganz begeistert von den Kindern, die für etwa eine halbe Stunde einen fast unglaublichen Eifer zeigen.

Modellierter Osterschmuck

Er ist für den Osterstrauß bestimmt oder als Tischdekoration.
Sie brauchen: eine möglichst an der Luft trocknende
Modelliermasse, Fingerfarben, Pinsel, Garn.
Sie bereiten vor: Neben den Zeitungen als Malunterlage
liegen Frühstücksbretter bereit, auf denen die Figuren
später getrocknet werden können. Man kann die Figuren natürlich auch auf einem Tablett trocknen.

Jedes Kind bekommt eine große Kugel Modelliermasse, die es
weich und leicht formbar knetet.
Für diese Arbeit eignet sich ein klingender Hintergrund gut.
Bald singen oder summen die Kinder mit. Ist die Masse gut
formbar, können die Kinder versuchen, Figuren zu formen,
vor allem Eier, vielleicht einen Hasen, ein Nest mit kleinen
Eiern ...

**Egal, ob wirklich
«Schmuck» entsteht:
Alexandra, Lucas,
Julia und Lemonia
macht Kneten einfach
Spaß**

Mit einer stumpfen Nadel schiebt der Erwachsene einen Faden etwa einen halben Zentimeter in die Figur. Daran soll sie später aufgehängt werden. Der Erwachsene sollte stets auch selbst eine Figur anfertigen. Das regt das Kind an und motiviert es, das nachzuahmen. Die Figuren werden zum Trocknen aufgestellt.

Ist die Masse gut gehärtet und trocken, wird jede Figur mit Fingerfarben angemalt. Dafür wird meist ein Pinsel gebraucht, damit sie rundum bemalt werden kann. Wieder müssen sie trocknen. Erst dann werden die Figuren in den Osterstrauß gehängt.

Übrigens: Wenn wir mit Fingerfarben malen, kommt es immer wieder vor, daß ein Kind statt der Arbeit lieber die eigene Hand bemalt. Das kann man gleich ausnutzen, indem man dem Kind Papier gibt, auf das es nun ein herrliches Bild mit der Hand «stempeln» kann.

Kapitel 3

Im Sommer

Blühende Wiesen, goldgelbe Kornfelder mit Rainen, an denen die Wildkräuter blühen und die Wallhecken, blau schimmernde Seen, in denen die Fische spielen und auf denen die weißen Segel ziehen wie weiße Wolken am blauen Sommerhimmel.

Versuchen Sie, Ihr Kind hin und wieder noch einmal so einen Sommertag erleben zu lassen. In Naturschutzgebieten finden sie oft noch solche halbwegs intakte Natur.

Zu Hause erinnern Lieder und Verse an solche Ausflüge. Sie stimmen dann auch ein auf sommerliches Malen und Gestalten.

Trarira

1. Tra - ri - ra, der Som- mer, der ist da!

{ Wir wol - len in den Gar - ten } Ja, ja,
{ und wolln des Som- mers war - ten. }

ja, der Som - mer, der ist da!

2. Tra-ri-ra,
der Sommer, der ist da!
Wir wollen in die Hecken
und wolln den Sommer wecken.
Ja, ja, ja,
der Sommer, der ist da!

Lied und Weise: volkstümlich

Was schenkt uns der Sommer?

1. Was schenkt uns der Sommer? Den Sommerwind
und Sand und warmes Wasser für jedes Kind.
Ach Sommer, lieber Sommer, dich
mag ich sehr. Und wenn du im
Herbst fortgehst, komm bald wieder her.

Text: Barbara Cratzius
Weise: Paul G. Walter

Kinderreime

Im Sommer, im Sommer,
das ist die schönste Zeit,
da freuen sich die jungen
und auch die alten Leut.

*

Sommerwetter:
Vom blauen Himmel brennt die Sonne.

39

Ganz leer ist unsere Regentonne.
Da endlich gibt es ein Gewitter;
der Regen fällt, wohl tausend Liter.
Doch eins, zwei, drei
ist der Spuk vorbei.

Ein Spielhaus

Sie brauchen: einen großen Verpackungskarton, etwa
von einer Waschmaschine, Fingerfarben, Schere, Stoffreste.

**Das Spielhaus wird mit Fingerfarben angestrichen … und sofort sind die
ersten Bewohner eingezogen**

Sie bereiten vor: Sie schneiden eine Tür und mindestens zwei Fenster aus.

Tagelang sind Kinder damit beschäftigt, ihr Haus mit Fingerfarben zu «verputzen». Es kann natürlich sein, daß sie dann das Haus noch weiter verschönern möchten, etwa Gardinen an die Fenster hängen, einen kleinen Vorhang vor die Tür, daß sie eine Antenne aufs Dach stecken und so weiter.

Das Haus kann dann später auch als Kiosk dem Kaufmann-Spiel neuen Auftrieb geben oder auch als Tankstelle dienen … Kaum etwas kann so vielfältig in die verschiedensten Rollen-spiele einbezogen werden wie ein Spielhaus.

Wenn es im Garten steht, muß es natürlich bei drohendem Regen hereingeholt werden. Denn viele Duschen verträgt der «Putz» vom Spielhaus natürlich nicht.

Sommerliche Collagen

Zum An-die-Wand-Hängen oder zum Verschenken
Sie brauchen: Packpapier, Wachsmalblöcke, einen
Garten-Versandhauskatalog, Kleister, Pinsel und
Schere.
Sie bereiten vor: Sie schneiden viele Blumen, die im
Sommer blühen, aus dem Katalog und legen sie an den
Rand der Malunterlage aus Zeitungen.

Wenn das Kind von Ausflügen oder auch aus Bilderbüchern
blühende Wiesen kennt, kommt es vielleicht von ganz allein
darauf, für die Blumen eine grüne Wiese zu malen. Einen
Bogen Packpapier malt es mit dem grünen Wachsmalblock saf-
tig grün an. Dann legt es ihn beiseite.
   Die ersten Blumenbilder werden – Gesicht nach unten – mit
Kleister bestrichen. Es ist typisch, daß die Kleinen eine Weile
brauchen, bis sie verstanden haben, daß man die Rückseite
aufkleben und darum vorher einstreichen muß. Das Kind darf
seine Wiesen-Collage so gestalten, wie es will. Geben Sie ihm
nur Tips, wenn es danach fragt.

Ganz ähnlich kann auch die Collage «Fische im Meer» entstehen. Wir sind mit den Kindern stets einmal ins Aquarium ge-
gangen, als sie erst zwei Jahre alt waren. Schon in diesem Alter
waren sie sehr begeistert. So wußten sie, wie die Fische im
Wasser schwimmen.
   Das Kind malt einen Bogen Packpapier ganz dicht voll mit
ganz bunten Farben. Sie können dann daraus einfache Fisch-
formen herausschneiden. Die größeren Kinder können das
natürlich schon selbst versuchen. Das Kind malt einen zweiten
Bogen blau oder blaugrün. Das ist das Wasser, in dem die Fische schwimmen sollen. Also streicht das Kind die Fische auf
der Rückseite mit Kleister ein und klebt sie auf die Wasser-
fläche.

Ein Fisch mit Schuppen aus Kreppapier ... ein Delphin,
ebenfalls mit Kreppapier-Schuppen ... und ein Fisch, dessen
Schuppen aus dem Katalog stammen

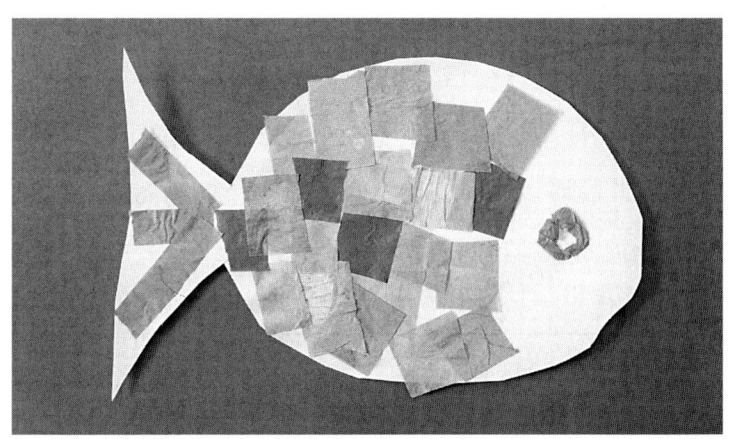

Fisch-Mobile

Sie brauchen: Kartonreste, Kleister, Pinsel, Tonpapierreste, Wollfäden, Schere, einen Kleider- oder Spielzeugkatalog und eine Schachtel.

Sie bereiten vor: Aus den Kartonresten schneiden Sie Fische in verschiedenen Größen. Passend zu diesen Größen schneiden Sie Kopf, Schwanz-, Rücken- und Bauchflossen. Zeitungsunterlage zum Einkleistern ausbreiten.

Größere Kinder können es vielleicht schon selbst übernehmen, Kopf und Flossen aufzukleben. Bei den jüngeren muß das noch ein Erwachsener tun.

Danach aber können alle selbst weitermachen. Aus den bunten Seiten des Katalogs werden viele Fetzen gerissen, alle etwa zwei bis drei Zentimeter lang. Sie können zunächst in einem kleinen Korb oder einer Schachtel gesammelt werden. Ist der Behälter gefüllt, bekommt das Kind einen kleinen Topf Kleister und einen Pinsel. Auf der Zeitungsunterlage werden die Fetzen eingekleistert. Dann werden sie auf den Fischbauch geklebt. Denn sie stellen die Fischschuppen dar. Wenn sie locker aufgeklebt werden, also nicht mit ihrer ganzen Fläche festkleben, bekommt man einen realistischen Schuppeneffekt. Der Fisch braucht natürlich auf beiden Seiten Schuppen. Zuletzt bekommt er dann noch auf jeder Seite ein großes Auge.

Auf die Rückenflosse kleben Sie den Faden zum Aufhängen. Für ein Mobile brauchen Sie fünf solcher Fische.

Blätter-Bilder

Zum Sammeln oder Verschenken

Sie brauchen: verschiedene frische Blätter von unterschiedlichen Pflanzen, Packpapier und Wachsmalblöcke. Vorbereitungen sind nicht erforderlich.

Das ist ein Mal-Zauber, der gerade die Jüngsten fasziniert. Das Kind legt auf einer beliebigen Unterlage ein paar frische Blätter vor sich. Nun soll es einen Bogen Packpapier drauflegen und ganz festhalten – notfalls helfen Sie ihm dabei. Dabei malt

es fest mit einem Wachsmalblock über die Fläche, unter der die Blätter liegen.

Das Kind gerät wahrscheinlich ganz aus dem Häuschen, wenn es entdeckt, daß auf dem Bogen erkennbar wird, was unter dem Bogen liegt! Das ist vielleicht seine erste Erfahrung mit der sogenannten Durchreibetechnik.

Vieles läßt sich durchreiben.

Wenn das Kind zum Beispiel Münzen durchreibt und Sie ihm diese Durchreibebilder ausschneiden, hat es Spielgeld.

Man kann auch Papier an einem Baumstamm befestigen und das Borkenmuster durchreiben. Bei Stämmen mit stark konturierter Rinde muß man aber vorsichtig zu Werke gehen, sonst zerreißt das Papier. Es entstehen jeweils ganz typische Stamm-Bilder, die Sie – nebeneinander aufgehängt – mit den Kindern vergleichen können: Wer erinnert sich noch daran, wie dieser Baumstamm sich angefühlt hat – war die Rinde rauh oder eher glatt?

Bunte Bälle

Einzelne können als Fensterbilder verwendet werden; aus mehreren bunten Bällen läßt sich ein Mobile herstellen.

Sie brauchen: leichten Karton, Seidenpapier in verschiedenen Farben, Schere.

Sie bereiten vor: Aus dem Karton schneiden Sie Kreise in verschiedenen Größen. Aus der freien Hand wird das meist nicht gelingen. Zeichnen Sie sich die Kreise vor, indem Sie mit dem Bleistift rund um einen Untersatz, z. B. eine Untertasse fahren.

Das Kind bekommt Seidenpapier in Stücken von etwa 5 x 5 cm. Jedes wird ganz stark geknittert und dann zu einer kleinen Kugel geformt. Sie tupfen je einen kleinen Tropfen Klebstoff drauf. Das Kind klebt die Kugeln auf die Karton-Kreise. Die

Elisa (1 ³/₄) ist ganz konzentriert beim Kleben

Kugeln sollten dicht an dicht sitzen, und zwar auf der Vorder-
wie auf der Rückseite der Kreise. Unter eine der Kugeln ganz
am Rand kleben Sie einen Faden zum Aufhängen.

Kapitel 4

Im Herbst

Im Herbst verfärben sich die Blätter, und so werden die Laub-
baum-Kronen bunt. Karminrot, Goldgelb, Braun und Reste
von Grün – das sind die Farben des Herbstes.

Herbstzeit ist auch Früchtezeit. Und so leuchten uns da, wo im Sommer die Heckenrosen blühten, nun die roten Hagebutten entgegen, und aus dem grünen Stachelkleid pellen wir die braun glänzenden Kastanien.

Draußen erleben die Kinder den Herbst. Zu Hause singen sie von ihm und lassen sich vom Lied ins herbstliche Basteln einstimmen.

Zauberlied vom Herbst

1. Der Herbst, der ist ein tol - ler Mann. Weißt du, daß er zau - bern kann? Er zieht den wei - ten Man - tel aus, da flie - gen bun - te Dra - chen raus. Der Herbst, der Herbst, der Herbst.

2. Der Herbst, der ist ein toller Mann.
Weißt du, daß er zaubern kann?
Er schwenkt den Umhang weit umher.
Da sind die Felder alle leer.

3. Der Herbst …
Er streckt die Hände warnend hoch.
Da huscht die Maus ins Winterloch.

4. Der Herbst …
Er reckt die Daumen hoch, so schau,
die Pflaumen macht er alle blau.

5. Der Herbst …
Er hebt den Pinsel hoch und lacht,
hat alle Blätter bunt gemacht.

50

6. Der Herbst …
Er zieht aus seinen Taschen schnell
den Regen und den Windgesell.

7. Der Herbst …
Er wirft uns freundlich zu zum Gruß
Kastanien, Eicheln vor den Fuß.

8. Der Herbst …
Ach, lieber Herbst, wir danken sehr,
komm bald zu uns doch wieder her!

Text: Barbara Cratzius
Weise: Paul G. Walter

Kinderreime

Von Passau bis Stralsund:
Der Herbst ist kunterbunt;
gelb und braun und kupferrot
ist sein farbiges Gebot.

*

Zuerst blühn im Herbst noch Rosen,
ehe selbst diese grandiosen,
wenn die Herbststürme tosen,
nach und nach verwahrlosen.

Lindwurm aus Klorollen

Der Drache auf unserem Foto kann natürlich nicht fliegen. Man kann damit aber wunderbar einen Raum dekorieren oder an einem Herbstabend den Garten oder die Terrasse verzieren.

Ein schönes Spielzeug bastelt sich das Kind mit Ihrer Hilfe selbst: Diesen Lindwurm aus Klorollen, den das Kind anschließend hinter sich herziehen kann. Vielleicht erzählen Sie ihm dabei noch, daß die sagenhaften Drachen womöglich von den Sauriern abstammen– und daß eine Schlange so etwas wie ein kleiner Lindwurm ist.

> *Sie brauchen:* mehrere Klorollen, eine Schere, Fingerfarben, evtl. einen Pinsel, bunte Papierschnipsel aus Illustrierten, Klebstoff, Schnur, evtl. einen Schraubenzieher.
> *Sie bereiten vor:* Die Klorollen werden an jedem Ende zum späteren Zusammenbinden gelocht (z. B. mit einem Schraubenzieher).

Zuerst bemalt das Kind die Rollen. Nach dem Trocknen werden die Rollen zusammengebunden. Mit den Papierschnipseln kann das Kind eine Zunge, Augen und Rückenzacken aufkleben.

Der Drache wurde von Erwachsenen aus Pappe ausgeschnitten und von Kindern mit Kreppapier beklebt.

Kastaniengesteck

Zum Verschenken

Sie brauchen: ein Stück festen Karton, Holzleim, eine Kerze, frische bunte Herbstblätter, Pinsel, kleine Dose, Heftzwecke, Tesa.

Sie bereiten vor: Aus dem Karton schneiden Sie einen tellergroßen Kreis. Genau in die Mitte piken Sie eine Heftzwecke, die Sie mit Tesa von hinten sichern.

Das Kind bekommt in einem kleinen Behälter etwas Holzleim, dazu einen Pinsel und eine Kerze. Es soll rund um den «Piker» der Heftzwecke etwas Leim pinseln. Dann steckt das Kind die Kerze auf den «Piker» und drückt sie einen Augenblick lang fest an den Kartonkreis. Um die Kerze herum werden nun viele Kastanien geklebt. Es dürfen auch mehrere übereinandergeklebt werden, so daß ein Berg entsteht, vom Rand her zur Kerze leicht ansteigend.

Wenn das Kind meint, daß genug Kastanien angeordnet sind, darf es von außen her Herbstblätter zwischen die Kastanien stecken, als Kranz um die Kastanien herum vielleicht.

Kastanientiere

Sie brauchen: Kastanien, halbierte Zahnstocher und einen kleinen Handbohrer.

Sie bereiten vor: Halbkreisförmig werden einige kleine Löcher in die Schale der Kastanie gebohrt. Bei größeren Kindern achten Sie darauf, daß das Kind den spitzen Bohrer nicht in die Finger bekommt; für kleinere Kinder bohren Sie selbst die Löcher vor.

Das Kind kann die halbierten Zahnstocher in die Löcher stecken. So entsteht aus verschieden großen Kastanien eine ganze Igelfamilie.

Auch aus herbstlichen Blättern läßt sich – mit Hilfe der Erwachsenen, versteht sich – ein richtiges Kunstwerk legen

Da ist mit Hilfe einer handwerklich geschickten Mutter eine richtige Dampfwalze entstanden

Fahrzeuge aus Schachteln

Zum Spielen

> *Sie brauchen:* Schachteln in verschiedenen Größen und Formen (Waschpulvertonnen, Schuhkartons, Camembertschachteln, Klorollen…;) Tonpapierreste, Schere, Klebstoff und verschiedene Fingerfarben.
> *Vorbereitungen* sind nicht erforderlich.

Die Schachteln stehen auf dem Tisch. Sie besprechen mit dem Kind, welche Fahrzeuge aus den Schachteln entstehen könnten. Rennwagen, Lieferwagen, Feuerwehrauto, Müllwagen, normaler Pkw, Flugzeuge … Sie suchen die geeigneten Schachteln aus. Das Kind malt sie mit Fingerfarben entsprechend an, das werdende Feuerwehrauto natürlich feuerrot, das Postauto gelb, den Personenwagen, wenn Sie selbst einen besitzen, natürlich in dessen Farbe …

Derweil schneiden Sie bereits die passenden Räder aus Tonpapierresten. Die Karosserie muß dann erst mal trocknen. Erst danach kleben Sie (bei kleineren Kindern) oder die Kinder selbst die Räder an den Wagen.

Mit mehreren Autos kann man Abschleppen oder Autoschau spielen, weniger gut «Unfall», Zusammenstoß oder Autorennen, denn allzu stabil sind diese Autos natürlich nicht.

Mein Auto

1. Ich stei-ge in mein Au-to ein und fah-re da-mit ganz al-lein wohl um die hal-be Stadt her-um. Macht Platz! Tüt tüt, brumm brumm!

2. Die Bremse los, der Motor heult,
der Winker raus, der Wagen eilt
mal linksherum, mal rechtsherum.
Macht Platz, Tüt tüt, brumm brumm!

3. Der Schutzmann winkt mir mit der Hand:
Fahr immer rechts am Straßenrand!
Fahr rechts auch um die Kurven rum!
Fahr rechts! Tüt tüt, brumm brumm!

Text: Rolf Heerdt
Weise: Richard Rudolf Klein

Eine Laterne aus Pappmaché

Als Festbeleuchtung

Sie brauchen: Eierkartons, weiße Seidenpapiere, Tapetenkleister, große Joghurtbecher, Fingerfarben, ein Teelicht.

Sie bereiten vor: Sie stellen das Pappmaché her. Dafür weichen Sie Eierkartons, das Seidenpapier und ähnliches zwei Tage ein. Setzen Sie das in *heißem* Wasser an! Nach zwei Tagen drücken Sie das Ganze aus und vermengen es mit Tapetenkleister. Kneten Sie gut durch.

Das Kind bekommt einen dicken Kloß davon in die Hand. Dazu kriegt es einen großen Joghurtbecher. Es soll nun kleinste Mengen vom Kloß abnehmen und alle kleinen Bröckchen fest an den Becher drücken. Immer wieder ein neues Bröckchen, bis der Becher einen dicken Mantel hat und vom Becher selbst gar nichts mehr zu sehen ist. Vielleicht müssen Sie dabei hin und wieder helfen. Achten Sie darauf, daß der Rand des Bechers frei bleibt.

Nun kann das Kind etwas tun, was ihm meist großen Spaß macht: Löcher in den Mantel. Es drückt sie mit dem Zeigefinger ein, bis an die Becherwand.

So lassen Sie das Werk ein paar Tage trocknen. Ziehen Sie danach den Joghurtbecher vorsichtig heraus. Dann darf das Kind sein Werk mit Fingerfarben anmalen. Die Sache muß ein zweites Mal trocknen.

Auf den Boden der Laterne wird ein Teelicht gestellt. Die Laterne für eine Festbeleuchtung ist fertig.

Robin (2) bohrt vorsichtig den Finger ins Pappmaché ... klebt da was fest?

Kapitel 5

Im Winter

Am schönsten ist der Winter, wenn die Sonne vom blauen Himmel auf eine geschlossene Schneedecke scheint. Die Kinder freuen sich, wenn es schneit, weil sie dann bald einen

Schneemann bauen oder Schneebälle formen und sie auf andere werfen können. Diese Freude spiegelt sich auch in ihren Basteleien wider.

Die Vorschläge sind sehr einfach zu realisieren. Wenn Sie sie mit Ihren Kindern in die Tat umsetzen, haben Sie vielleicht auch Lust, dabei zu singen:

Schneeflöckchen, Weißröckchen

1. Schnee - flöck - chen, Weiß - röck - chen, jetzt
kommst du ge - schneit, du wohnst in den
Wol - ken, dein Weg ist so weit.

2. Komm, setzt dich ans Fenster, du lieblicher Stern, malst
Blumen und Blätter, wir haben dich gern.

3. Schneeflöckchen, Weißröckchen, komm zu uns ins Tal,
dann baun wir den Schneemann und werfen den Ball.

Text: nach Hedwig Haferkorn
Weise: Volkslied

Glöckchenspiel

Hört ihr, wie mein Glöckchen klingt?
Klingelingeling.
Hört ihr, wie mein Glöckchen schwingt?
Klingelingeling.
Läutet unser Fest heut ein,
alle Kinder soll'n sich freuen.
Hört ihr, wie mein Glöckchen klingt?
Klingelingelingeling.

Dazu können auch kleine Kinder schon mit verschiedenen
Glöckchen läuten.

Schneeflöckchen, tanze

1. Schnee - flöck - chen, tan - ze, tan - ze auf und nie - der,
flieg vom Him - mel schnell her - ab, daß ich mei - ne

Freu - de hab! Schnee - flöck - chen, tan - ze!

2. Schneeflöckchen, tanze, tanze auf und nieder, daß wir neben unserm Zaun können einen Schneemann baun! Schneeflöckchen, tanze!

3. Schneeflöckchen, tanze, tanze auf und nieder, mach uns eine Rodelbahn, wo man lustig rodeln kann! Schneeflöckchen, tanze!

*Worte und Weise: aus einem Kindergarten,
aufgezeichnet von Kurt Dittrich*

Kinderreime

ABC, die Katze lief im Schnee,
und als sie wieder rauskam,
da hat sie weiße Höschen an.
Ojemine, ojemine,
die Katze lief im Schnee.

*

Es schneiet, es schneiet,
es geht ein kalter Wind.
Es fliegen weiße Flocken fein
aufs Köpfchen jedem Kind.

Korkdruck Schneeflöckchen

Als Weihnachtskarte oder Geschenkanhänger zu verwenden
Sie brauchen: blaues Tonpapier (Karton), Flaschenkorken, weiße Fingerfarbe und einen Pinsel.
Sie bereiten vor: Sie schneiden den Karton in der benötigten Größe, entweder in Briefkartengröße oder in der Größe von Geschenkanhängern zu. Für mehr als zehn Karten oder Anhänger reicht die Geduld der Kinder nicht.

Das Kind streicht die Korkunterseite mit dem Pinsel weiß ein und druckt auf den blauen Karton dann wieder dasselbe, so oft, bis das Kind meint, es schneie genug auf der Karte.
Man kann natürlich auch kleine Kärtchen in der Größe 5 x 3 cm anfertigen lassen und diese dann auf eine Postkarte kleben. So reicht ein Postkarten-Porto zum Verschicken.

Variante: Geschenkkärtchen oder Weihnachtskarte mit Stroh.
Sie brauchen: dunkles Tonpapier (Karton), geschnipselte Strohhalme und Klebstoff.
Sie bereiten vor: die gewünschten Kartongrößen.

Sie bedecken den Karton mit einigen Tupfen Klebstoff. Jetzt ist Ihr Kind dran: Es darf die Strohschnipsel auf die Klebstoffpunkte streuen. Es muß sich gedulden, bis der Kleber trocken ist, dann werden überschüssige Strohreste vorsichtig abgeklopft.

(Rechts oben) «Schneegestöber»: links von einem Zweijährigen, rechts von einer Mutter

(Rechts unten) Das Schneegestöber, ausgeschnitten und auf Karton geklebt: So wird ein Weihnachts- oder Neujahrsgruß daraus

Fallende Schneeflocken aus Watte

Als Fenster-Dekoration zu verwenden
Sie brauchen: Watte, Garn und eine Kinderschere.
Großes Stofftaschentuch.
Es sind keinerlei Vorbereitungen nötig.

Das Kind bekommt zunächst einen dicken weißen Wattebausch. Davon zupft es kleine Stückchen ab. Wer mit ganz
kleinen Kindern bastelt, sollte diese kleinen Flöckchen selbst
auf einen Faden fädeln. Zweijährige aber versuchen es gern
schon selbst. Helfen Sie nur, wenn das Kind Sie darum bittet.
   Die Fäden mit den winzigen Watteflöckchen können Sie
dann gemeinsam ins Fenster hängen.

Nach dem Basteln kommt das Spiel mit den Schneeflocken.
Dafür zupfen Sie zusammen mit dem Kind aus der Watte nicht
ganz so kleine Flocken, teilen den normalen Wattebausch also
etwa in vier bis sechs Flocken auf. Davon brauchen Sie dann
aber eine ganze Menge. Sie sammeln sie in einem Tuch, z.B.
einem großen Taschentuch. Das Kind darf auf einen Stuhl stei-
gen, auf ihm stehen. Und nun schüttelt es das Tuch. Als sei es
Frau Holle, fallen Schneeflocken auf Sie.
Und wenn es wieder schneien soll? Dann müssen erst alle
Flocken wieder im Tuch («Wolke») sein. So lernt das Kind
spielerisch aufräumen.

Variante: Statt Wolle kann Ihr Kind auch Zeitungs- oder Seidenpapier zusammenknüllen und als Schneeflocken verwenden.

Schneeflocken aus Watte tanzen über den Tisch – oder sie werden von vielen kleinen Helfern der Frau Holle kräftig gepustet …

Ein Schneemann aus Pappmaché

Als Dekoration fürs Bilderbuch-Regal oder zum Verschenken
Sie brauchen: Eierkartons, weißes Seidenpapier und
ähnliches, Tapetenkleister und Fingerfarben.
Sie bereiten vor: Sie stellen Pappmaché her (siehe
Seite 58).

Die Kinder kneten ihren dicken Kloß Pappmaché noch einmal
kräftig durch. Dann formen Sie oder die Kinder selbst daraus
je drei Kugeln, die unterschiedlich groß sind und die sie der
Größe nach aufeinandersetzen. Sie formen eine ganz dünne
Rolle, aus der sie eine möhrenförmige Nase gestalten, die sie
ins Gesicht des werdenden Schneemanns drücken. Sein
«Anzug» braucht dann noch ein paar Knöpfe, die man beim
echten Schneemann früher aus Kohle zufügte. Nun muß das
Kerlchen erst einmal gut durchtrocknen.

Ist der Schneemann trocken, wird er – bis auf Nase und
Knöpfe – mit weißer Fingerfarbe angemalt. Die Nase wird rot,
die Knöpfe werden schwarz angemalt. Und links und rechts
neben die Nase bekommt er ebenfalls zwei schwarze Punkte:
das sind die Augen. Nun muß er wieder trocknen.

*Die Schneeflocken auf dem oberen Bild wurden auf
Karton geklebt und ins Freie gestellt*

*Schneemann und Schneefrau auf dem unteren Bild
bestehen aus zusammengeknülltem Toilettenpapier;
Nase, Mund, Hut, Haare und Besen sind aus Pappe*

Draußen liegt noch kein Schnee. Robin weiß sich zu helfen: Er baut sich seinen Schneemann aus Watte.

Kapitel 6
Weihnachten

Vielleicht wird dieses das erste Weihnachtsfest werden, das Ihr Kind mit Bewußtsein erlebt. Wenn es vorher auch noch gar nicht weiß, was es zu diesem Fest erwarten kann: Sie selbst sind

ja sicher sehr gespannt gerade auf dieses Fest – Ihres Kindes wegen, wie es reagieren wird auf die Kerzen am Baum, ob es schon etwas spürt von dem Weihnachtswunder. Zumindest diese Spannung überträgt sich auch auf Ihr Kind und läßt Erwartungen wach werden.

Das weihnachtliche Singen und Basteln verstärkt diese erwartungsvolle Stimmung.

Morgen, Kinder, wird's was geben

1. Mor- gen Kin- der, wird's was ge- ben, mor- gen wer- den

wir uns freun! Welch ein Ju - bel, welch ein Le- ben

wird in un- serm Hau - se sein! Ein- mal wer- den

wir noch wach, hei - ßa, dann ist Weih - nachts- tag!

2. Wie wird dann die Stube glänzen von der großen Lichter-
zahl, schöner als bei frohen Tänzen ein geputzter Kronen-
saal! Wißt ihr noch vom vor'gen Jahr, wie's am Heil'gen
Abend war?

3. Wißt ihr noch mein Reiterpferdchen, Malchens nette
Schäferin? Jettchens Küche mit dem Herdchen und dem
blankgeputzten Zinn? Heinrichs bunten Harlekin mit der
gelben Violin?

4. Wißt ihr noch den großen Wagen und die schöne Jagd von
Blei? Unsre Kleiderchen zum Tragen und die viele Näsche-
rei? Meinen fleiß'gen Sägemann mit der Kugel unten dran?

5. Welch ein schöner Tag ist morgen! Neue Freuden hoffen
wir. Unsre guten Eltern sorgen lange, lange schon dafür. O
gewiß, wer sie nicht ehrt, ist der ganzen Lust nicht wert.

Worte: Philipp Bartsch (1770–1833)
Weise: Carl Gottlieb Hering (1850)

Und das Kind hat hell gelacht

1. Weißt du, was das Je - sus - kind dort im Stall so

froh ge - macht? Mäch - tig schnau - fen Ochs und Rind!

Und das Kind hat hell ge - lacht.

2. Und der Esel schreit so laut,
und die Maus flitzt durch das Stroh!
Kätzchen schnurrt sanft und vertraut,
und das Kind, das jauchzt so froh!

3. Das Kamel scharrt mit dem Huf,
und der Hund der Hirten bellt!
Durch die Wüste tönt ihr Ruf,
näher schallt es übers Feld.

4. Und es drängt sich Schaf an Schaf
blökend an der Krippe dicht.
Braucht das Kind denn keinen Schlaf?
Blendet nicht der Sterne Licht?

5. Ach, die ganze lange Nacht
wollt nicht schlafen unser Kind!
Hat uns alle froh gemacht
dort im Stall bei Ochs und Rind.

Text: Barbara Cratzius
Melodie: Paul G. Walter

Kinderreim

Sankt Nikolaus, komm in unser Haus,
leer deine großen Taschen aus,
stell deinen Esel auf den Mist,
daß er Heu und Hafer frißt.
Heu und Hafer mag er nicht.
Zuckerbrezel kriegt er nicht.

Weihnachtswiege aus Pappmaché

Zum Spielen
   Sie brauchen: Eierkartons, weißes Seidenpapier und
   ähnliches, Tapetenkleister, einen großen Joghurtbecher,
   Fingerfarben.
   Sie bereiten vor: Sie stellen das Pappmaché her (s. S. 58).
   Ist dieses Material «reif» für die Verarbeitung, schnei-
   den Sie den Joghurtbecher der Länge nach halb durch,
   so daß die Form einer Wiege entsteht.

Das Kind bekommt eine Becherhälfte und einen dicken Kloß
Pappmaché. Es reißt ganz kleine Mengen ab und klebt sie auf
die Innenwand. Die zweite Wand muß zuletzt ganz dick sein.
Man darf nirgendwo das Weiß des Bechers durchschimmern
sehen. Bei ganz kleinen Kindern muß ein Erwachsener vielleicht ein wenig nachhelfen.
   Nach etwa einer Woche ist die Wiege trocken. Sie nehmen
den Becher außen ab. Das Kind darf die Wiege nach seinem
Geschmack mit den Fingerfarben anmalen. Dann muß sie wieder eine Weile trocknen.
   Das Kind kann in der Adventszeit jeden Tag etwas Watte,
Wolle oder etwas anderes Weiches in die Wiege legen, damit
das Christkind es Weihnachten schön weich hat. Weihnachten
wird dann ein kleinen Babypüppchen in die Wiege gelegt, das
die Rolle des Christkindes spielt.

Weihnachtsstern und Anhänger wurden von einem Erwachsenen aus Pappe ausgeschnitten und von einem Kind bemalt

Auch eine Kiste aus kräftigem Papier, die ein Kind schön bemalt hat, kann als Wiege dienen

Ein bunter Blumentopf mit passendem Stab

Als Weihnachtsgeschenk für einen, den das Kind gern hat
   Sie brauchen: einen normalen Blumentopf, einen Holz-
   stab für die später eingesetzte Pflanze, Fingerfarben,
   Lack, Pinsel.
   Es sind keine Vorbereitungen nötig.

Das Kind malt mit Fingerfarben den Blumentopf außen bunt
an. Meist reichen die Finger als «Malutensil». Am Rand wird
sicher ein Pinsel gebraucht. In denselben Farben wird danach
auch das Stöckchen angemalt. Am einfachsten ist das folgende
Trocknen, wenn erst die eine Hälfte angemalt wird, man es
dann mit der nicht angemalten Seite in ein Glas stellt und dann,
wenn diese Seite trocken ist, erst die zweite anmalt. Dann kann
man ja die trockene Seite ins Glas stellen.
   Wenn alles trocken ist, kann das Kind mit Lack streichen.
Wenn das Kind noch sehr klein ist und darum noch nicht so gut
mit dem Pinsel umgehen kann, übernimmt ein Erwachsener
das Lackieren.
   Ist auch der Lack trocken, kann eine Topfpflanze eingesetzt
werden, vielleicht eine Gerbera oder eine andere Blüten-
pflanze, die es gern hat, mit einem Stab gestützt zu werden.

Kerzengesteck

Ein weiteres kleines Weihnachtsgeschenk.
   Sie brauchen: einen Bierdeckel, kleine Zapfen, Eicheln,
   Moos oder Baumflechten, Bucheckern, Kleber, eine
   kleine dicke Kerze.
   Ohne weitere Vorbereitungen.

Zunächst sammeln Sie gemeinsam mit den Kindern auf einem
Herbstspaziergang Zapfen, Eicheln … Zu Hause helfen Sie
dann dem Kind, den Deckel dick mit Kleber zu bestreichen.
Erst wird die Kerze eingesenkt, der restliche Platz wird vom

Die Kinder dieser Gruppe hatten mehr Lust, einen Kamm zu basteln (aus bemalter und eingeschnittener Pappe); die beiden Ergebnisse stammen von einem Erwachsenen und einem Zweijährigen

Auch Fingerfarben-Hände können ein schönes Weihnachtspräsent sein

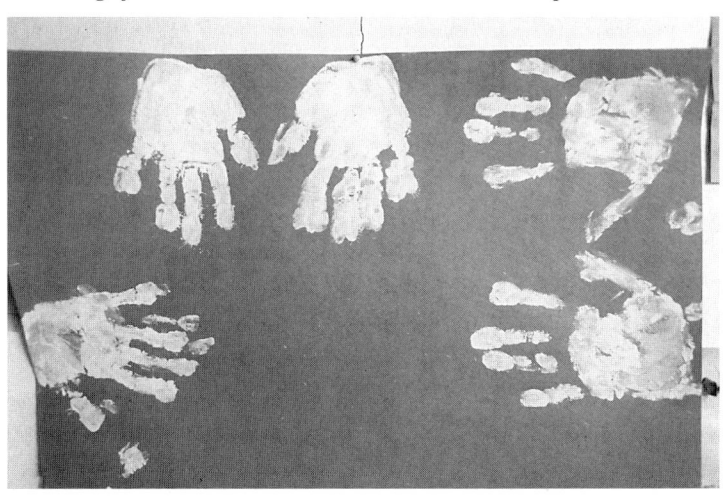

Kind, so wie es ihm gefällt, mit einem Teil des vorhandenen Materials bedeckt.

Kapitel 7
Fasching

Schon bald, nachdem der Mensch den Spiegel und damit auch sein Spiegelbild entdeckt hat, findet er Spaß an Grimassen und an komischen Zutaten für sein Äußeres, Spaß an witzigen Kopfbedeckungen, kleinen Schminkaktionen, ersten Verkleidungen. Fasching gibt die Gelegenheit, solche Spiele zum Fest zu steigern.

Zur Fasenacht

Zur Fa - se - nacht, zur Fa - se - nacht steht
auf dem Kopf das Häus - chen. Da tanzt die Katz die
gan - ze Nacht mit ei - nem wei - ßen Mäus - chen.

2. Zur Fasenacht, zur Fasenacht
hab ich 'ne lange Nase
und setze mir das Hütchen auf
von meiner kleinen Base.

Text: Karl Haug; 2. Strophe: R. R. Klein
Weise: Richard Rudolf Klein
(Aus: Meinolf Neuhäuser «Bunte Zaubernoten».
Verlag Moritz Diesterweg, Frankfurt)

Fingerspiel von den Gespenstern

Auf dem Fenster hocken fünf Gespenster:
Das erste schreit – ha!
Das zweite schreit – he!
Das dritte heult – huuuuu!
(Mit der Hand Kreise machen)
Das vierte kichert – hihihihihi!
Das fünfte fliegt zum Fenster rein
und flüstert – woll'n wir Freunde sein?
(Hand zu einem Rohr formen und zu einem Nachbarn
flüstern.)

Beim letzten Fasching gab's statt Polonaise ein lustiges Kreisspiel mit Kitzeln und Umwerfen ...

Unser Karussell dreht sich langsam ... dreht sich schnell

Bunte Faschingshüte aus Papier

Fürs Verkleiden

Sie brauchen: ein rechteckiges Stück Papier, Wachsmalblöcke, Kleister, Pinsel, bunte Papierreste, eventuell
auch Katalogseiten.

Sie bereiten vor: Probieren Sie aus, wie groß das Papier
sein muß, wenn der spätere Hut Ihrem Kind passen soll.
Falten Sie den Hut aus Zeitungspapier. Paßt er nicht,
wählen Sie ein neues Stück Papier entsprechend größer
oder kleiner, und machen Sie noch eine Anprobe. Dann
fertigen Sie dem Kind einen Papierbogen in der richti-
gen Größe.

Das Kind bemalt den Bogen Papier ganz nach seinem Geschmack: vielleicht möglichst bunt, vielleicht auch einfarbig. Ist
der Bogen fertig, falten Sie den Hut:

Sie falten den Bogen zur Hälfte, schmale Seite auf schmale
Seite. Nun legen Sie das Papier

1. so, daß eine der langen Seiten unten liegt.
2. Sie falten so, daß die obere rechte und die obere linke Ecke
auf der Mittellinie liegen.
3. Sie knicken den unteren Streifen nach vorn und hinten um.
4. Die überstehenden Dreiecke biegen Sie nach hinten und
kleben sie fest.

Nun tritt das Kind wieder in Aktion: Es reißt aus dem bunten
Papier Streifen, die einzeln oder als kleines Bündel an den Hut
geklebt werden.

Mit dem Hut auf dem Kopf kann das Kind nun verschiedene
Spiele machen. Bleibt er auf dem Kopf sitzen, wenn das Kind
rennt, sich bückt, auf einen Stuhl klettert? Wenn mehrere Kinder gemeinsam so einen Hut gebastelt haben, können Sie solche kleinen Spiele auch sozusagen um die Wette tun: Wer
behält den Hut dabei am längsten auf dem Kopf? Alle Kinder
sind Sieger, wenn sie mitspielen. Bei so kleinen Kindern sollte
es nie Verlierer geben.

*Auch den
kleinen Freun-
den stehen diese
Faschingshüte
ausgezeichnet*

Faschingsgirlande aus Stoffresten

Zur Dekoration

Sie brauchen: bunte Stoffreste, jeder zumindest 20 bis 30 cm groß, Schere für Erwachsenen, Schnur.

Sie bereiten vor: Jeder Stoffrest wird an der kurzen Seite im Abstand von etwa 2,5 cm eingeschnitten. Wird mit ganz kleinen Kindern gearbeitet, die jünger als zwei Jahre sind, werden die Schnitte lang, bei Kindern kurz vor dem dritten Geburtstag wesentlich kürzer.

Die Kinder reißen nun mit großer Anstrengung die Bänder vom Stoff. Sie werden motiviert: «Bist du schon so stark? Ich glaube, du bist schon so stark!»

Um eine Schnur herum werden die Streifen dann geknotet und hängen kunterbunt und in unterschiedlichen Längen herunter. Das ergibt eine einfache, aber sehr originelle Faschingsdekoration.

Kapitel 8

Einkaufsempfehlungen und Herstellernachweise

Diese Liste wurde vor allem aufgrund von Unterlagen zusammengestellt, die uns der Verein für Alltagökologie e. V. Wiesbaden freundlicherweise zur Verfügung gestellt hat.

Der Verein sammelt seit Jahren die für den Alltag bedeutsamen Ergebnisse von Tests und Untersuchungen zur Produktqualität, gleicht sie miteinander ab und ist bemüht, auch ganz praktische Alltagsfragen bei seinen Bewertungen und Empfehlungen zu berücksichtigen.

Mitglieder des Vereins erhalten regelmäßig eine Zusammenfassung der neuesten Ergebnisse mit konkreten Produktempfehlungen und Hinweisen für einen besseren und einfacheren gesunden ökologischen Alltag. Anschrift: *Verein für Alltagökologie e. V., Teutonenstr. 32b, 65187 Wiesbaden, Tel. 06 11/84 15 13*

Diese Unterlagen haben wir nur noch ergänzt durch eine Übersicht der lufttrocknenden Modelliermaterialien, weil diese für kleine Kinder wichtig sind. Denn so kleine Kinder sollten noch nicht mit Brennöfen arbeiten, selbst wenn Erwachsene dabei sind.

Bindfaden – o. k.

Bleistifte
bestehen längst nicht mehr aus Blei, sondern aus einer Mischung aus Graphit und gebranntem Ton, dessen Anteil den

Härtegrad bestimmt. Wenn auch aus den Minen keine Gefahr droht, so sollten doch die Holzhüllen unlackiert sein, um den Kontakt mit den Schwermetallen im bunten Außenlack zu vermeiden. Gibt es inzwischen überall. Um Bleistifte richtig aufzubrauchen, ist ein Bleistiftverlängerer nützlich.

Bleistiftverlängerer sind erhältlich bei Waschbär Umwelt Produkt Versand GmbH, Postfach 547, 79098 Freiburg, Tel. 07 61/5 15 60

Blumentopf
Wir nehmen die aus Ton. Plastik belastet die Umwelt, Ton ist ein Naturmaterial. Gibt es in jeder Gärtnerei.

Eier, ausgeblasene – Kaufen Sie auch für diesen Zweck Eier von freilaufenden Hühnern. Dem VAÖ liegen Berichte vor, daß zerkleinerte Eierschalen von Supermarkt-Eiern von Hühnern nicht gefressen werden. Der Grund ist offenbar, daß die Schalen mit Chemie behandelt wurden. Neuerdings (1993) warnt «Die Verbraucher-Initiative» vor dem Eierausblasen: Wer mit Darmbakterien behaftete Eierschalen an den Mund nimmt, riskiert eine Salmonelleninfektion.

Eierkartons – Es gibt inzwischen auch Eier«kartons» aus Styropor (Kunststoff). Ziehen Sie solche aus echtem «Karton» vor.

Fingerfarben
Nur noch bei importierten Fingerfarben ist 1991 mit Belastungen durch Blei und Cadmium zu rechnen. In Deutschland werden bei der Herstellung von Fingerfarben gemäß einer Selbstverpflichtung der Produzenten folgende Grenzwerte eingehalten: für Arsen 10, Blei 25, Cadmium und Quecksilber je 5 Milligramm pro Kilogramm. Es werden außerdem nur noch Konservierungsstoffe verwendet, die auch in Lebensmitteln und Kosmetika zugelassen sind. Darüber hinaus werden sie mit einem Bitterstoff versetzt, damit Kinder sie nicht aufessen.

Wenn Fingerfarben dieser Vereinbarung entsprechen, dürfen sie folgenden Hinweis tragen: «Entspricht der freiwilligen Vereinbarung über Fingerfarben von 1987».

Aufgrund verschiedener vorliegender Untersuchungen empfiehlt der VAÖ:

MAL MIT, Drösser Chemie, Postfach 17 01 29, 51371 Leverkusen

MALI-FINGERFARBE, E. Faber, Eberhard-Faber-Str., 84494 Neumarkt

ÖKONORM-FINGERFARBEN, erhältlich bei Waschbär Umwelt Produkt Versand GmbH, Postfach 547, 79098 Freiburg, 07 61/5 15 60

Geschenkband

ist heutzutage nicht selten auch mit Plastikmaterialien angereichert. Achten Sie darauf, daß Sie nur Qualitäten aus Naturmaterialien erwerben. Gebrauchtes Geschenkband aufheben und wiederverwenden!

Holz

ist ein ideales Bastelmaterial ebenso wie es ein idealer Baustoff ist: leicht und leicht zu bearbeiten, biege- und druckfest, elastisch, wärmedämmend wie kaum ein anderes Material und zudem baubiologisch sehr wertvoll, weil es die Feuchtigkeit in Räumen reguliert. Und dann ist es auch noch schön – und in vielen Spielarten zu haben. Da es ein biologischer Stoff ist, der etwa bei langer Feuchtigkeit und Wärme Pilzen und Insektenlarven als Nährboden dient – so gelangt das Holz wieder in den biologischen Kreislauf –, wird es nach dem Einschlag im Wald mit Chemie oft mißhandelt. Z. B. wird nicht selten das Insektenvertilgungsmittel Lindan, der Nachfolger von DDT und keineswegs harmloser, benutzt. Das hatte schon mehrfach zur Folge, daß Kindertagesstätten aus Holz mit Millionenaufwand saniert werden mußten. Als Ursache für jahrelange Klagen der Kinder und Erzieherinnen über Kopfweh, Übelkeit und andere Leiden war endlich eine hohe Belastung der Raumluft mit Giften festgestellt worden, die aus dem Holz ausgegast waren.

Es ist darum außerordentlich wichtig, nicht nur für das Bauen, sondern auch für das Basteln unbehandelte Hölzer bzw. Gegenstände aus Holz zu benutzen. Diese erhalten Sie im Naturwarenhandel.

Falls nötig, sagt man Ihnen bei folgenden Adressen, wie Sie weiterkommen:

Edelhölzer – ökologisch orientierter Holzhandel, Gerriet Harms, Sandfurter Weg 61, 26131 Oldenburg, 04 41/50 71 83

Tischlereiverbund gegen Tropenholz, c/o Ahorn Möbelhaus, Dobbenweg 9–10, 28203 Bremen, 04 21/7 27 21

Kleber

Viele Kleber sind bedenklich, und zwar sowohl wegen der Klebstoffe als auch wegen der enthaltenen organischen Lösemittel wie Benzol, Toluol, Ethanol, Methanol.

Lösemittel enthalten u. a.:
– Alleskleber, die bis zu 70 Prozent aus Lösemitteln bestehen.
– Zweikomponentenkleber enthalten im «Binder» in der Regel Epoxidharze, die Haut, Augen und Schleimhäute reizen. Bei Unfällen mit diesen Klebern muß sofort der Arzt aufgesucht werden. Das gilt auch für Unfälle mit
– Sekundenkleber, die besonders gefährlich sind. Sie können die Finger so verkleben, daß sie nur noch vom Arzt getrennt werden können.
– Spezielle Kleber, z. B. für Styropor oder PVC, enthalten etwa so viel Lösemittel wie Alleskleber.

Als klebende Substanzen kommen bei Naturprodukten Naturlatex, Gummiarabicum, reine Methylcellulose, Kartoffeloder Maisstärke in Betracht. Lösemittel ist Wasser.

Zum Kleben von Papier geeignet sind:
– Klebestifte wie
UHU-STICK, im Bürofachhandel
PRITT-STIFT, im Bürofachhandel
TECHNICOLL STICK, im Bürofachhandel
Statt des früher benutzten Formaldehyd wird inzwischen von den meisten Herstellern PHB-Ester (für Lebensmittel zugelassen) zur Konservierung eingesetzt.

Ebenfalls unbedenklich sind:

UHU-BÜROFIX, Uhu-Vertriebs-GmbH, 77815 Bühl, 0 72 23/28 40

BAVE-PAPIERKLEBER, Livos, Postfach, 29389 Bodenteich, 0 58 24/10 87. Sie werden aus natürlichen Stoffen wie Stärke oder Dextrin (Kartoffel- oder Maisstärke) hergestellt. Aus tierischen Eiweißen bestehen u. a.:

GUTENBERG GUMMIERSTIFT, Gutenberg GmbH, Postfach 2060, 55010 Mainz, 0 61 31/30 90

PELIKAN GUMMI, Pelikan AG, Postfach 103, 30001 Hannover, 05 11/69 69-1

– Für Holz gibt es Leim aus Naturharzen, Gummi und Leim.

AURO NATUR-HOLZLEIM, AURO Pflanzenchemie GmbH, Postfach 1220, 38002 Braunschweig, 05 31/89 50 86.

Lacke

enthalten auch heute noch in aller Regel Lösemittel. Auf sie wird beim Basteln daher völlig verzichtet.

Auch Naturharzlacke sind nicht unbedenklich. Sie sind zwar aufgrund ihrer natürlichen Inhaltsstoffe in der Umwelt leichter abbaubar als Kunstharzlacke, die Lösemittel mit Terpene können zu allergischen Hautreaktionen führen. Vorsicht ist also angebracht! Unter dieser Voraussetzung sind die folgenden Empfehlungen des VAÖ gegeben:

AURO NATURHARZ-ÖL-BUNTLACK SAMTGLÄNZEND NR. 240 (Decklack etc.) und AURO NATURHARZ-ÖL-KLARLACK NR. 221 (Klarlack für Holz; innen) sowie AURO NATURHARZ-ÖL-WEISSLACK NR. 235 (Decklack), Auro GmbH, Postfach 1220, 38002 Braunschweig, 05 31/89 50 86

BIOFA-DECKLACK und BIOFA-UNIVERSAL-LACK NR. 1040 und 1041 (für außen), Biofa-Naturprodukte, W. Hahn GmbH, Dobelstraße 22, 73087 Boll, 0 71 64/48 25 oder 22 21

Luftballons

– aus Gummi können unter Umständen krebserzeugende Nitrosamine enthalten. Besser ist es, wenn die Kinder den Mund anschließend abwaschen oder eine Luftballonpumpe benutzen.

– aus der Tube auf keinen Fall benutzen! Sie enthalten Weichmacher und hinterlassen zusätzlichen Müll, nämlich Tube und Blashalm.

Modelliermassen, die an der Luft trocknen

Aus ganz unterschiedlichen Substanzen können die lufttrocknenden Modelliermaterialien zusammengesetzt sein. In der Regel sind sie nicht gesundheitsschädigend. So ist die Plastiziermasse von Play-Doh ein Gemisch aus Salz und Stärke. Efaplast enthält Zellulosefasern (ein gereinigtes Kaolin, das normalem Tapetenkleister ähnelt). Zudem enthalten die meisten Modelliermaterialien Lebensmittelkonservierungsstoffe, die Kindern nicht gefährlich werden können. Nach einer Übersicht der Zeitschrift «Öko-Test» sind u. a. folgende lufttrocknende Modelliermassen unbedenklich: Backton von T + F; Colorplast, Efaplast und Holzy von Faber; Keraminplast und Keramiton von Faber-Castell; Kreuloplast von Kreul; Play-Doh von Kenner Parker; Tonal von Laurin-Rebhan.

Papier

wird aus Holz oder Altpapier oder Lumpen (Hadernpapier) hergestellt. Wird das Papier aus Holz hergestellt, so werden dabei sehr viel Wasserhaushalt und Energiequellen verbraucht. Wird dagegen Altpapier eingesetzt, so werden Wasserhaushalt und Energievorräte geschont und nicht zuletzt auch der Rohstofflieferant Wald.

Bei einfachen Papieren wird das Holz als Holzschliff verarbeitet, bei feineren Papieren wird das Holz zunächst zu Zellulose verkocht. Dabei wird Chlor (altes Verfahren) oder Sauerstoff (neues Verfahren) zur Bleichung zugesetzt. Die Chlorbleichung führt zu erheblicher Belastung der Umwelt durch Chlorabwässer und zu einer Anreicherung von Dioxinen im

Papier. Dioxine sind die giftigsten chemischen Substanzen, die bekannt sind. Nachdem sie in Filtertüten, Tampons etc. gefunden wurden, werden heute besonders Hygieneartikel aus sauerstoffgebleichter Zellulose hergestellt. Kaffeefilter, Hygienepapier für die Küche und für das Klo werden zunehmend aus völlig ungebleichten Zellstoffen produziert und wegen ihrer hohen Umweltverträglichkeit und Dioxinfreiheit auch mehr und mehr von den Verbrauchern und Verbraucherinnen angenommen, obwohl ihre hellbraune Farbe nicht sehr attraktiv ist.

Bei der Produktion von Recycling- und Umweltschutzpapier wird im Vergleich zum normalen Papier wesentlich weniger Wasser und Energie und kein Holz verbraucht. Umweltschutzpapier wird in einem geschlossenen Wasserkreislauf ohne Zugabe von Binde- und Lösemitteln, ohne Entfärbung, Bleichung oder Neufärbung hergestellt. Bei Recyclingpapier wird in erheblichem Ausmaß Chemie zum Entfärben («Deinken»), zum Bleichen und Binden eingesetzt und die Umwelt nicht unerheblich belastet.

Recycling- und Umweltschutzpapiere sowie die ebenfalls mit großem Altpapieranteil hergestellten Kartons und Pappen enthalten leider auch Spuren von Schwermetallen und anderen bedenklichen Stoffen. Sie sind daher nicht für Kleinkinder geeignet.

Bedruckte und verarbeitete Papiere enthalten aufgrund der Druckfarben nicht selten Schwermetallspuren. Das gilt insbesondere für Verpackungs- und Zeitungspapiere.

Die vielfach angebotenen Bunt-, Pergament-, Ton-, Kreppoder Transparentpapiere sind zum Teil beschichtet, gefärbt und können schwermetallhaltige Farben, Kunststoffe etc. enthalten.

Für Kleinkinder zugelassene Spielsachen müssen aus einsichtigen Gründen «schweiß- und speichelecht» sein.

Welche Papiere kommen für Sie in Frage?

– sauerstoffgebleichte Papiere. Fragen Sie bei Ihrem Schreibwarenhändler danach. Immer mehr Schreibwarengeschäfte führen diese umweltfreundliche Papiersorte.

– Pergamentpapier: Papier, das für die Verpackung von Lebensmitteln benutzt wird. Dieses «Butterbrotpapier» ist überall problemlos erhältlich.

Für ältere Kinder, die aus dem Lutschalter heraus sind, eignen sich sehr gut:
– Kartons und Pappen zum Bemalen und zum Basten,
– Umweltschutz- oder Recyclingpapier als Zeichen- und Bastelpapier,
– Bunt-, Pergament-, Ton-, Krepp- oder Transparentpapiere für alle möglichen Zwecke,
– gebrauchte Geschenk- und Packpapiere sowie alte Zeitungen wie auch Kartons und Pappen vermitteln den Kindern die Möglichkeiten der Wiedernutzung von Material.

Pinsel – wählen Sie solche mit Naturborsten und Holzgriff.

Scheren
werden leider zunehmend mit Plastikgriffen angeboten. Verweigern Sie diese Angebote standhaft. Ist der Plastikgriff kaputt, können Sie die ganze schöne Schere wegtun.

Schnur aus Recyclingfaser – o. k.

Tapetenkleister, ohne Konservierungsstoffe und Fungizide (z. B. von Livos) – o. k.

Teelichter
gibt es jetzt auch ohne Alumantel zum Nachfüllen in dafür vorgesehenen schönen Glas- oder Metallbehältern. Im Naturwarenhandel oder bei Waschbär Umwelt Produkt Versand GmbH, Postfach 547, 79098 Freiburg, 07 61/5 15 60

Wachsmalstifte
bestehen aus Kunst- oder Bienenwachs und Kaolin (Porzellanerde), einem tonartigen Naturprodukt, als Füllstoff. Die Trägersubstanzen sind relativ unbedenklich, aber die Farben können zum Teil schwermetallhaltige Pigmente oder Anilinfarbstoffe enthalten.

Der VAÖ empfiehlt:
DICKI WACHSFARBEN, Eberhard Faber GmbH, Eber-
hard-Faber-Straße, 84494 Neumarkt
WASKLEURSTIFTEN, Havo b.v., Kerdennen 40, NL-
3851 BB Ermelo
STOCKMAR WACHSFARBEN, Hans Stockmar GmbH
& Co KG, Postfach 145, 24568 Kaltenkirchen, 0 41 91/40 48

Wolle
Bei unbehandelter Wolle besteht die Gefahr, daß Pestizid-
rückstände (vor allem Lindan) gesundheitliche Beeinträchti-
gungen hervorrufen. Naturwarenhersteller geben eine Garan-
tie auf Rückstandsfreiheit.
Danach zu fragen ist aber in jedem Fall wichtig.